AF262400

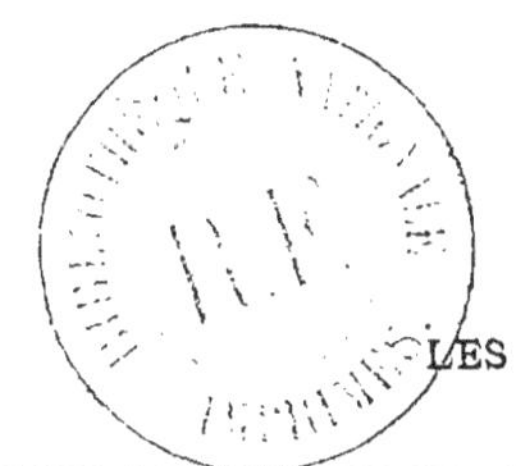

LES ENFANTS DE SAINT-OMER

A LA DÉFENSE DE PARIS

ASSIÉGÉ PAR LES ALLEMANDS

TIRÉ A 337 EXEMPLAIRES

300 sur papier velin.
25 sur papier fort.
12 sur papier vert.

Vendu au profit de l'Œuvre des Chaumières.

IMPRIMÉ PAR FLEURY-LEMAIRE, A SAINT-OMER.

LES

ENFANTS DE SAINT-OMER

A LA DÉFENSE DE PARIS

ASSIÉGÉ PAR LES ALLEMANDS

1870-1871

NOTICE

LISTE GÉNÉRALE

NÉCROLOGE

SAINT-OMER

CHEZ TOUS LES LIBRAIRES

1871

A LA MÉMOIRE

DES ENFANTS DE SAINT-OMER

MORTS POUR LA DÉFENSE DE PARIS

ASSIÉGÉ PAR LES ALLEMANDS

1870-1871

Un de leurs camarades,
FÉLIX LE SERGEANT DE MONNECOVE.

NOTICE

Le siége de Paris, par les armées allemandes confédérées, a duré depuis le 19 septembre 1870 jusqu'au 28 janvier 1871, soit quatre mois et neuf jours, pendant lesquels les assiégés furent complétement investis, et supportèrent résolûment les dangers, les fatigues et les privations qui résultèrent d'une résistance aussi prolongée.

La France entière était représentée à ce siége, mais en tenant compte du chiffre de la population, peu de villes ont envoyé à Paris autant de défenseurs que Saint-Omer ; il convient donc de réunir et de conserver les noms de ces Audomarois, ainsi qu'on gardait au moyen-âge les noms de ceux qui prenaient part à une expédition marquante, et cette nouvelle *monstre d'armes* ne sera pas un des moindres titres d'honneur de notre cité.

Nous la publions aujourd'hui dans toute sa simplicité ; l'ordre alphabétique, qui est le plus favorable aux recherches, est aussi celui qui convient le mieux à des enfants d'une même ville, parmi lesquels la différence des grades n'a jamais altéré la cordialité des relations.

Toutefois, la sixième batterie d'artillerie de la garde nationale mobile du Pas-de-Calais, recrutée en grande partie à Saint-Omer, a mérité, par le nombre comme par le dévouement, d'être mise au premier rang ; sous le commandement de M. Garnier, capitaine, secondé par M. Léon Belin, lieutenant en premier, et par M. Jules Butor, lieutenant en second, elle a occupé les bastions 55 et 56, compris dans le sixième secteur (Auteuil), depuis le 20 septembre 1870 jusqu'au 2 janvier 1871, puis elle a été chargée du service des bastions 69 et 70, compris dans le septième secteur (Vaugirard), depuis le 2 janvier 1871 jusqu'à la fin du siége, c'est-à-dire pendant toute la durée du bombardement, auquel elle répondait vaillamment.

Parmi les bataillons de la garde nationale de Paris, le 256e, composé du personnel de la compagnie du chemin de fer du Nord, est celui qui comptait le plus grand nombre d'Audomarois ; sous le commandement de M. Couche, ingénieur en chef, commandant supérieur, et sous la direction effective de M. Cousin, inspecteur principal de l'exploitation, capitaine – commandant, ce corps, outre son service intérieur, fut chargé, dans le quatrième secteur (Montmartre), de défendre la courtine correspondante aux voies du Nord et située entre les bastions 34 et 35, et il eut la garde de l'hôtel-de-ville depuis le 31 octobre 1871 jusqu'à la fin du siége.

En outre plusieurs de nos concitoyens appartenaient à la garde nationale, à la garde mobile, à l'armée de terre, à la marine, et aux corps auxiliaires.

Éloignés du pays natal, séparés, pour la plupart, de leurs parents et de leurs amis, les enfants de Saint-Omer, qui eurent l'honneur de prendre part à la défense de Paris contre les Allemands, n'eurent jamais d'autre pensée que celle de faire leur devoir jusqu'au bout, afin de rester dignes du nom qu'ils portaient ; pendant cette rude campagne, leurs meilleurs instants étaient ceux où ils pouvaient se réunir, afin de retrouver les souvenirs du pays lointain et de la famille absente.

Puissent ces pages leur rendre parfois le souvenir des moments où nous résistions à l'ennemi, avec une foi entière dans notre délivrance, et où nos cœurs ne s'attendrissaient qu'en songeant aux joies du retour ! Puissent-elles aussi leur rappeler des compagnons d'armes, dont le dévouement et l'affection resteront sérieux comme l'épreuve qu'ils ont traversée ensemble, sous les regards de la France, pour laquelle plusieurs ont donné leur vie !

Ce livre est dédié à la mémoire de ces morts, en attendant que la Ville de Saint-Omer consacre à ceux de ses enfants, qui ont péri pendant la guerre de 1870-1871, un monument durable et vraiment digne d'eux.

LISTE GÉNÉRALE

(CHAQUE NOM EST SUIVI DE LA DATE DE LA NAISSANCE)

GARDE NATIONALE MOBILE DU PAS-DE-CALAIS.

6ᵉ BATTERIE D'ARTILLERIE.

Butor, Jules-Ernest, lieutenant, 6 juillet 1848.

Cordonnier, Edouard-Albert, maréchal des logis chef, 18 septembre 1847.

Debidas, Léopold-Charlemagne, maréchal des logis, 28 janvier 1848.

Lecointe, Ernest-Paul-Alexandre, maréchal des logis, 12 décembre 1847.

Morel, Florent-Joseph, maréchal des logis, 10 août 1848.

Daviron, Achille-Victor, brigadier, 3 juillet 1845.

Ducrocq, Arthur-Louis-Joseph, brigadier, 23 décembre 1849.

Gilliers, François-Lucien-Léon, brigadier, 2 avril 1845.

Lormier, Edouard, brigadier, 22 janvier 1847.

Tumerel, Henri-Adolphe, brigadier, 4 juillet 1846.

Buridant, Napoléon-Charlemagne, trompette, 30 décembre 1847.

Bailleul, Louis-Joseph, ouvrier, 19 septembre 1849.

Baranté, Honoré-Joseph, canonnier, 22 janvier 1845.

Bedague, Désiré-Adolphe, canonnier, 1er juin 1849.

Berteloot, Désiré-Eugène-Emile, canonnier, 26 novembre 1845.

Berteloot, Ovide-Alphonse-Désiré, canonnier, 9 novembre 1848.

Berteloot, Charles-Louis, canonnier, 24 mai 1848.

Berteloot, Léon-Éloi, canonnier, 1er décembre 1849.

Bosch, Rémy-Charles, canonnier, 9 février 1849.

Brouart, Charles-Joseph, canonnier, 22 mars 1848.

Cagnieux, Désiré-Félix, canonnier, 4 mars 1848.

Camut, Parfait-Joseph, canonnier, 25 septembre 1847.

Capelle, Pierre-François, canonnier, 9 octobre 1849.

Capelle, Eugène-Florimond-Joseph, artificier, 10 décembre 1845.

Castelin, Charles-Auguste, canonnier, 24 mai 1847.

Chapelet, Désiré-Henri, canonnier, 21 janvier 1847.

Contart, Alcide-François-Joseph, canonnier, 23 septembre 1845.

Courageux, Hector, canonnier, 26 janvier 1846.

Decupper, Louis-Charles, canonnier, 25 août 1846.

Decupper, Julien-Eugène, canonnier, 1er janvier 1849, blessé au bastion 69 le 5 janvier 1871, décoré de la médaille militaire le 7 février 1871, décédé le 21 février 1871.

Degrave, François-Auguste, artificier, 9 février 1845.

Dewaele, Victor-Désiré, canonnier, 25 janvier 1849.

Dolain, Albert-François, canonnier, 21 novembre 1849.

Dumetz, Louis-Joseph, canonnier, 20 mars 1848.

Duyme, Ovide-Désiré, canonnier, 23 septembre 1847.

Follet, Adolphe-Victor, canonnier, 21 juillet 1846.

Lagaize, André-Hyppolite, canonnier, 30 novembre 1849.

Lambin, Vital-Louis, canonnier, 15 août 1847.

Leleu, Désiré-Léon, canonnier, 26 juin 1847.

Letaillieur, Aimé-Auguste-César, canonnier, 12 juin 1849.

Leurence, Henri-Joseph, canonnier, 10 novembre 1848.

Lœuillier, Séraphin-Antoine, canonnier, 30 mars 1846.

Machart, Joseph-Alexis, canonnier, 15 août 1847.

Méquignon, Amédée-Constant, canonnier, 10 mai 1847.

Pichon, Henri-Noé, canonnier, 4 décembre 1849.

Planquette, Edmond, canonnier, 25 avril 1845.

Poquet, Alfred-Jules, canonnier, 19 juillet 1846.

Poupó, Léopold-Joseph, artificier, 4 août 1849.

Puchois, Alfred-Joseph, canonnier, 17 juillet 1849.

Tartar, Alphonse-Louis-Joseph, canonnier, 2 juillet 1845.

Tribouillard, Auguste-Séraphin, canonnier, 16 mai 1847.

Vandenbossche, Pierre-Joseph, canonnier, 27 novembre 1846.

Vandenbossche, Charles-Eugène, canonnier, 26 janvier 1847.

Vandenbossche, Jules-François, canonnier, 28 janvier 1848.

Vandome, Auguste-Joseph, canonnier, 14 mars 1848.

Vasseur, Charles-Frédéric, canonnier, 25 juillet 1847.

Vasseur, Frédéric, canonnier, 17 juin 1849.

Véche, Albert-Eugène-Charles, ouvrier, 4 août 1846.

Williers, Désiré-Olivier, canonnier, 28 janvier 1847.

Winock, Edouard-Hubert, canonnier, 6 mars 1849.

N. B. — La 6e batterie d'artillerie de la garde nationale mobile du Pas-de-Calais était tout entière à Paris pendant le siége, et elle a pris la part la plus active et la plus honorable à la défense, mais, conformément au plan de cet ouvrage, on n'indique ici que ceux de ses membres qui sont nés à Saint-Omer.

GARDE NATIONALE DE PARIS.

Ansel, Désiré-Edouard, garde au 256e bataillon, 12 décembre 1830.

Ansel, Émile-Ernest, garde au 256e bataillon, 6 décembre 1837.

Bailleul, Napoléon-Alphonse, garde au 171e bataillon, 29 novembre 1804.

Bailleul, Alphonse, garde au 202e bataillon, 7 janvier 1833.

Bailleul, Célestin-Jules, garde au 126e bataillon, 26 février 1840.

Bailly, Léon-Charles-Adrien, canonnier à la 6e batterie d'artillerie, puis garde au 38e bataillon, 31 mars 1826.

Bataille, Pierre-Joseph-Alfred, garde au 12e bataillon, 4 juillet 1830.

Bénard, Joseph-Henri-Jean-Baptiste, garde au 86e bataillon, 7 février 1819.

Berrier, François-Benonie, garde au 256e bataillon, 31 juillet 1819.

Besanvalle, Adolphe-Joseph, caporal au 119e bataillon, 8 avril 1833.

Besanvalle, Alphonse-Joseph, caporal au 119e bataillon, 28 avril 1839.

Blery, Antoine-Julien, garde au 202e bataillon, 21 février 1831.

Bœuf, César-Sylvain, caporal au 241e bataillon, 2 avril 1835.

Bœuf, Ernest-Jules, sergent-fourrier au 196e bataillon, 20 avril 1841.

Bonnard, Anatole-Désiré, garde au 229e bataillon (2e compagnie de guerre, 59e régiment de Paris), 25 juin 1851.

Bonnard, Émile-Victor, clairon au 229e bataillon (2e compagnie de guerre, 59e régiment de Paris), 11 août 1853.

Bonnet, Paul-Auguste, vétéran au 2e bataillon, 26 juin 1815.

Bonnet, Louis-Joseph, garde au 103e bataillon, 20 novembre 1830.

Bonnet, Olivier-Henri, garde au 145e bataillon, 1er décembre 1832.

Bonvoisin, Sylvain-Delphin, garde au 99e bataillon, 11 février 1819.

Brebion, Alfred-Louis, garde au 108e bataillon, 23 juin 1842.

Bucquet, Louis-Augustin-Jean-Baptiste, caporal au 77e bataillon, 21 juin 1821.

Cabaret, Charles-Joseph, lieutenant au 141e bataillon, 15 août 1818.

Cadart, Jules-Charles, garde au 253e bataillon, 25 octobre 1826.

Cadart, Léon-Jules-Bernard, garde au 51e bataillon, 6 novembre 1827.

Cadart, Alfred-Hector-Auguste, capitaine, commandant la 4e compagnie de guerre du 8e bataillon (3e régiment de Paris), décoré de la médaille militaire le 12 février 1871 (combat de Buzenval), 4 avril 1828.

Cambelin, Henri-Eugène, garde au 116e bataillon, 1er décembre 1817.

Candillier, Louis-Charles, garde au 197e bataillon (2e compagnie de guerre), 13 novembre 1843.

Caron, Louis-Géry-Oscar, garde au 215e bataillon, 8 novembre 1825.

Caron, Jules-Amédée, garde au 24e bataillon, 23 juillet 1840.

Caron, Charles-Louis-Joseph, sergent-fourrier au 17e bataillon, 19 juin 1838.

Casiez, Louis-Eugène, tambour-maître au 51e bataillon, 25 décembre 1803.

Cauche, Victor, sapeur-pompier au 256e bataillon, 3 avril 1823.

Chappe, Victor-Charles, sergent-major au 38e bataillon, 6 mars 1830.

Chifflart, Amédée-Henri, lieutenant au 243ᵉ bataillon, 21 novembre 1824.

Chifflart, François-Nicolas, garde au 117ᵉ bataillon, 21 mars 1825.

Chrétien, Henri-Alexandre, garde au 154ᵉ bataillon, 28 juillet 1837.

Chrétien, Félix-Florent, garde au 61ᵉ bataillon, 27 novembre 1842.

Cogniaux, Émile-Victor, garde au 20ᵉ bataillon, 19 août 1828,

Cornet, François-Clément-Joseph, lieutenant au 181ᵉ bataillon, 18 janvier 1832.

Cornu, Charles-Joseph, garde au 77ᵉ bataillon, 4 janvier 1827.

Coulmain, Charles-Antoine, garde au 187ᵉ bataillon, 12 octobre 1818.

Courageux, Adolphe-Jean-Baptiste, garde au 214ᵉ bataillon, 30 mars 1836.

Courden, Pierre-Joseph, garde au 99ᵉ bataillon, 10 avril 1815.

Damase, Charles-Antoine, garde au 202ᵉ bataillon, 10 décembre 1816.

Damase, Louis, garde au 202ᵉ bataillon, 12 décembre 1838.

Decroix, Dominique-Honoré-Joseph, garde au 87ᵉ bataillon, 3 août 1824.

Defive, Auguste-Léopold, sergent-fourrier au 122ᵉ bataillon, 9 septembre 1821.

Delache, Amand-Étienne, garde au 209ᵉ bataillon, 1ᵉʳ septembre 1824.

Delforge, Louis-Victor-Omer, caporal au 86ᵉ bataillon, 9 septembre 1824.

Delhom, Ulysse-Antoine, garde au 256ᵉ bataillon, 25 janvier 1821.

Delhom, Floris-Alexandre, garde au 129ᵉ bataillon, 11 septembre 1825.

Demarle, François-Joseph, sergent au 112ᵉ bataillon, 21 juillet 1817.

Demetz, Philippe, dit Émile, sous-lieutenant au 111ᵉ bataillon, 26 janvier 1842.

Denecque, Louis-Théodore, garde au 181e bataillon, 26 octobre 1834.

Denis, Alphonse-Joseph, garde au 23e bataillon, 7 novembre 1821.

Depousargues, Antoine-Joseph, garde au 112e bataillon, 27 septembre 1825.

Deron, Achille-Louis-Joseph, canonnier à la 3e batterie d'artillerie, 19 décembre 1823.

Derose, Joseph-Félix, garde au 175e bataillon, 15 août 1829.

Dewalle, Louis-François, garde au 169e bataillon, 29 janvier 1835.

Duhamel, Louis-François-Charles, sergent-fourrier au 6e bataillon, 23 avril 1829.

Dupont, Séraphin-Donat, garde au 141e bataillon, 10 janvier 1808.

Dupont, Donat-Henri, sergent au 19e régiment de Paris (compagnies de guerre du 140e bataillon), 6 décembre 1835, blessé à Buzenval le 19 janvier 1871, décoré de la médaille militaire le 31 janvier 1871, mort le 27 février 1871.

Duval, Jean-Marie, garde au 84e bataillon, 9 avril 1834.

Echasson, Henri-Joseph, sergent-fourrier au 256e bataillon, 14 juin 1836.

Eck, Auguste, garde au 83e bataillon, 14 mars 1851.

Fabry, Charles-Joseph, garde au 227e bataillon, 27 mai 1824.

Fasquelle, Louis, sergent au 91e bataillon, 16 août 1825.

Frévacque, Adolphe-Henri, garde au 144e bataillon, 6 octobre 1823.

Gaubert, Adolphe-Désiré, garde au 256e bataillon, 22 janvier 1842.

Germain, Louis-Jules-Joseph, sergent-clairon au 148e bataillon, 2 février 1823.

Germain, Émile-Édouard-Philippe, garde au 29e bataillon, 1er août 1824.

Giovanno, dit Joannelle, Charles-Antoine, caporal au 247e bataillon, 26 juillet 1827.

Glorian, Louis-Adolphe, garde au 89e bataillon, 24 janvier 1833.

Godallier, Jules-Constant, garde au 32e bataillon, 14 mars 1848.

Gozé, Augustin-Joseph, garde au 72e bataillon, 12 août 1827.

Gozé, François-Joseph, garde au 72e bataillon, 29 octobre 1837.

Hambie, Jean-Baptiste-Aimable, sergent-major au 242e bataillon, 6 avril 1835.

Haultfœuille (d'), Hippolyte-Joseph, caporal-pompier au 256e bataillon, 12 décembre 1808.

Hélouin, Ernest-Joseph, garde au 55e bataillon, 29 avril 1840.

Hélouin, Félix-Eugène, sergent au 96e bataillon, 26 septembre 1842.

Hénin, dit Drion, François-Candide, garde au 136e bataillon, 10 juillet 1830.

Holder, Frédéric-François, garde au 124e bataillon, 30 octobre 1840.

Hourtoule, Jean-Baptiste-Emmanuel, garde au 104e bataillon, 24 décembre 1838.

Hourtoule, Jules-Eugène, garde au 55e bataillon, 4 août 1841.

Kneip, Pierre-Joseph, garde au 159e bataillon, 20 août 1809.

Lambin, Eugène-Charles, sergent au 109e bataillon, 21 septembre 1834.

Laporte, Maximilien-Eugène, sergent au 104e bataillon, 12 juillet 1830.

Laporte, Léon-Charles, garde au 5e bataillon, 30 juin 1834.

Laroquelle, André-Alexandre, garde au 30e bataillon, 17 mars 1822.

Lasègue, Adolphe-Arthur, garde au 239e bataillon, 15 avril 1839.

Laurent, François-Victor, garde au 159e bataillon, 25 mai 1830.

Leblond, Charles-Louis, garde au 59e bataillon, 30 mars 1828.

Leduc, Gustave-Constant, garde au 88e bataillon, 6 mars 1841.

Lefébure, Adolphe-François-Joseph, caporal aux vétérans du 2e bataillon, 30 octobre 1811.

Lefébure, Maxime-Edouard-Hermant, garde au 56e régiment de Paris (compagnies de guerre du 147e bataillon), 10 octobre 1841.

Legris, Jules-Albert, garde au 54e bataillon, 27 mars 1835.

Leleu, Désiré-Benjamin, garde au 202e bataillon, 31 mars 1824.

Le Sergeant de Monnecove, Félix-Antoine-Henry, capitaine, commandant le 1er escadron de guerre de la légion de cavalerie, 14 avril 1827.

Leurence, Jules-Joseph, garde au 192e bataillon, 10 juillet 1842.

Longuenesse, Charles-Edouard, garde au 104e bataillon, 3 juin 1829.

Loyez, Louis-Joseph, garde au 99e bataillon, 29 mars 1825.

Melmiesse, Louis-Florent-Joseph, garde au 54e bataillon, 25 octobre 1818.

Merlin, Joseph, garde au 1er bataillon, 2 décembre 1830.

Mézières, Hyppolite-Charles, sergent au 174e bataillon, 5 juin 1842.

Monet, Henri-Florimond, sergent-fourrier au 79e bataillon, 24 janvier 1831.

Monet, Henri-Eugène, sergent-major au 76e bataillon, 22 novembre 1842.

Moniot, Bernard, garde au 207e bataillon, 26 janvier 1834.

Moniot, Camille-Benjamin, sergent-fourrier au 207e bataillon, 12 mars 1836.

Monroy, Eugène-Charles-Joseph, garde au 256e bataillon, 23 mai 1832.

Naninck, Edmond-Alphonse, garde au 88e bataillon, 28 août 1841.

Obry, Louis-Benjamin, sergent au 193e bataillon, 16 octobre 1836.

Pamart, Aimé, garde au 248e bataillon, 30 novembre 1840.

Papegay, Félix, garde au 256ᵉ bataillon, 9 août 1841.

Pélerin, Désiré-Auguste, garde au 103ᵉ bataillon, 23 novembre 1825.

Pélerin, Théodore-Louis, garde au 103ᵉ bataillon, 9 septembre 1832.

Péron, Jules-Augustin-Jacques, garde au 112ᵉ bataillon, 25 juillet 1842.

Péron, Adolphe-Joseph, garde au 61ᵉ bataillon, 29 août 1845.

Petit, Christophe-Joseph, garde au 103ᵉ bataillon, 18 février 1838.

Peuvrelle, Jules-Louis-Marcelin, sergent-fourrier au 41ᵉ bataillon, 2 juin 1817.

Peuvrelle, Constantin-Eugène-Thomas, garde au 1ᵉʳ bataillon de la légion de Seine-et-Oise, 23 décembre 1821.

Picarda, Adolphe-Zéphyrin, garde au 104ᵉ bataillon, 30 octobre 1838.

Platiau, Jules-Victor, garde au 10ᵉ bataillon, 12 septembre 1826.

Pochet, Clément-Charles-Joseph, sergent-fourrier au 207ᵉ bataillon, 15 février 1835.

Revel, Jules-Thomas, garde au 171ᵉ bataillon, 10 février 1831.

Ringot, Adolphe-Eugène, caporal-fourrier au 124ᵉ bataillon, 14 mai 1843.

Rivé, Louis-Victor, garde au 17ᵉ bataillon, 3 juillet 1825.

Rivé, Alphonse-Léon, garde au 105ᵉ bataillon, 12 décembre 1828.

Sauvage, Hyppolite, capitaine au 174ᵉ bataillon, 20 juillet 1807.

Séguier, Eugène-Alexandre-Joseph, sergent-major au 256ᵉ bataillon, 11 octobre 1826.

Surelle, François-Alexandre, lieutenant au 11ᵉ bataillon, 17 décembre 1834.

Surelle, Ernest-Adolphe, garde au 169ᵉ bataillon, 25 juillet 1845.

Tartar, Paul-Léon, garde au 256ᵉ bataillon, 18 avril 1834.

Tayas, Louis-Omer, garde au 202ᵉ bataillon, 28 mai 1833.

Thelliez, Alphonse-Maximilien, sergent au 175e bataillon, 7 août 1835.

Tilhet, Edouard-Jules, sergent-fourrier au 256e bataillon, 21 juin 1835.

Tournier, Julien-Philippe-Achille, sergent-major au 18e bataillon, 17 mars 1833.

Touzard, Léon, sergent au 81e bataillon, 21 mars 1837.

Trénel. Edouard-Joseph, garde au 229e bataillon, 9 octobre 1842.

Valentin, Léonard, tambour au 159e bataillon, 15 septembre 1814.

Vilain, Herménégilde-Joseph-Honoré, garde au 106e bataillon, 24 janvier 1817. (1)

Wallart, François-Désiré-Philibert, sergent au 109e bataillon, 17 mai 1825.

Way, dit Wayez, Cyrille-Augustin, sergent au 137e bataillon, 7 janvier 1833.

Zans, Auguste-Hyppolite, sergent au 136e bataillon, 8 mars 1832.

(1) Tué le 23 mai 1871, rue du Bac, n° 53, en défendant le faubourg Saint-Germain contre les fédérés.

GARDE NATIONALE MOBILE DE LA SEINE.

Carmejeanne, Louis-Joseph-Edme, sergent-instructeur au 9e bataillon, 24 septembre 1841.

Hermant, Jules-Joseph, garde au 10e bataillon, 26 avril 1849.

Leduc, Ernest-Edmond, garde au 3e bataillon, 13 octobre 1849.

Raoult, Sylvain-Joseph, garde au 4e bataillon, 23 octobre 1849.

Vallon, Henri-Saint-Omer-Léonard, sous-lieutenant d'artillerie, officier d'ordonnance du général René, 12 juin 1847.

ARMÉE DE TERRE.

Baudot (de), Edmond-Alexandre-Marie, soldat au 109e régiment d'infanterie, 4 mars 1851.

Berteloot, Hermant-Fidèle-Isidore, canonnier au 13e régiment d'artillerie, 14 juillet 1844.

Billy, Eugène-Joseph, canonnier au 22e régiment d'artillerie, 2 février 1846.

Bleuset, Eugène-Alphonse, soldat au 128e régiment d'infanterie, 9 avril 1850.

Bré, Félix-Charles-Désiré, sergent au 69e régiment d'infanterie, 27 avril 1828.

Candavaine, Louis-Denis, sergent au 124e régiment d'infanterie, 5 juillet 1843.

Chapelet, Adolphe-Désiré, soldat au 71e régiment d'infanterie, 25 mars 1842.

Chifflart, Charles-Eugène-Louis, canonnier au 4e régiment d'artillerie, 10 mars 1849.

Colin, Eugène-Louis, canonnier au 9e régiment d'artillerie, 2 octobre 1844.

Cordier, Alphonse, médecin aide-major au Val-de-Grâce, 26 mars 1846.

Courageux, Eugène-François, caporal au 110e régiment d'infanterie, décoré de la médaille militaire le 18 décembre 1870, 16 avril 1845.

Decocq, Jules-Martin, soldat au 81e régiment d'infanterie, 22 juillet 1844.

Decupper, Louis-Édouard, canonnier au 4e régiment d'artillerie, 2 août 1849.

Delporte, Jules-Victor, sous-lieutenant au 10e régiment d'artillerie, blessé le 2 décembre 1870 à Champigny, nommé chevalier de la Légion d'honneur le 7 février 1871, 25 décembre 1832.

Demey, Bertin-Adolphe, soldat au 109ᵉ régiment d'infanterie, 11 mars 1850, mort le 17 décembre 1870 à l'hôpital de Bicêtre.

Deneuville, Jules-Alexandre, soldat au 128ᵉ régiment d'infanterie, 8 septembre 1851.

Duflos, Omer-Joseph, sergent-major au 124ᵉ régiment d'infanterie, blessé le 30 novembre 1870 à Villiers, nommé chevalier de la Légion d'honneur le 18 décembre 1870, 19 août 1846.

Dumon, Paul-Gustave-Joseph, canonnier au 22ᵉ régiment d'artillerie, 23 mars 1844.

Follet, Jules-César, soldat au 12ᵉ régiment d'infanterie, 18 octobre 1851.

Foulon, Jules-Joseph, maître cordonnier au 13ᵉ régiment de marche de dragons, 5 août 1843.

Fropo, Emile-Désiré, soldat au 109ᵉ régiment d'infanterie, 24 avril 1849.

Gilliers, Jean-Baptiste-Eugène, soldat au 35ᵉ régiment d'infanterie, 7 avril 1845.

Helleboi, Zéphyr-Eugène, canonnier au 22ᵉ régiment d'artillerie, 2 janvier 1848.

Jennequin, Gustave-Charles, soldat au 111ᵉ régiment d'infanterie, 14 mars 1849.

Latreille, Edouard-César, capitaine-trésorier au 4ᵉ régiment de zouaves, 22 décembre 1828.

Leblond, Alfred-Cyrille, caporal au 126ᵉ régiment d'infanterie, 25 novembre 1849.

Lefebvre, Alexandre-Louis, soldat au 124ᵉ régiment d'infanterie, 10 septembre 1844.

Leriche, Hector-Fleury-Alexis, canonnier au 22ᵉ régiment d'artillerie, 24 juin 1847.

Liévin, Henri-Désiré-Augustin, canonnier au 2ᵉ régiment d'artillerie, 27 juillet 1843.

Pichon, André-Joseph, soldat au 125ᵉ régiment d'infanterie, 23 février 1848.

Poiret, Auguste-Edouard, soldat au 109e régiment d'infanterie,
14 juin 1849.

Régnier, Charles-Auguste, soldat au 110e régiment d'infanterie, blessé le 30 septembre 1870 à l'Hay, 15 avril 1846.

Saison, Félix, soldat au 5e régiment d'infanterie, 23 février
1839.

Taphanel, Edouard-François, lieutenant-colonel en retraite,
commandant supérieur du fort de la Briche, 6 mars 1812.

Tilloy, Adolphe-François-Pierre-Joseph, soldat au 1er régiment du train d'artillerie, 29 décembre 1849.

Vandenbossche, Eugène, soldat au 111e régiment d'infanterie,
19 octobre 1850.

Velay, Joseph-Dominique, soldat au 126e régiment d'infanterie, 1er mars 1846.

Verroust, Édouard-Henri, canonnier au 22e régiment d'artillerie, 8 octobre 1848.

MARINE.

Dufour, Eugène-Edouard, matelot au 3e bataillon de marins
fusiliers, décoré de la médaille militaire le 1er janvier
1871 (combat du Bourget), 16 avril 1843.

Fichaux, Alfred-Valentin, matelot à la 3e compagnie de marins canonniers, 9 avril 1840.

Péron, Georges-Augustin-Maximilien, matelot au 1er bataillon de marins fusiliers, 7 mars 1843.

CORPS AUXILIAIRES.

Balthazar, Paul-Vincent, canonnier à la 7e compagnie d'artillerie auxiliaire, 22 janvier 1840.

Cornu, Isidore-Edouard-Joseph, gardien de la paix à la 7e
compagnie de guerre, 22 mai 1822.

Debidas, Octave-Jules, conducteur des ponts et chaussées,
attaché au génie auxiliaire, 13 août 1837.

Deneuville, Alphonse-Marie, lieutenant du génie auxiliaire,
attaché au 2e secteur, 31 mai 1835.

Derose, Léon-Félix. chef de dépôt à la compagnie de l'Ouest,
attaché au service du chemin de fer stratégique des rem-
parts, 22 décembre 1825.

Evrard, Lucien-François, canonnier à la batterie d'artillerie
de l'école polytechnique, 4 février 1820.

Grincourt, Gustave-Joseph, canonnier à la 2e compagnie d'artillerie auxiliaire, 6 décembre 1840.

Limousin, Adolphe-Jules, gardien de la paix à la 12e compagnie de guerre, 6 septembre 1834.

Louchart, Augustin-Charlemagne, caporal à la 11e compagnie de guerre des gardiens de la paix, 12 juin 1823.

Norguet, Alexandre-Désiré, sergent à la 1re compagnie de
guerre des gardiens de la paix, 21 août 1815.

Vanelle, Alfred-Joseph, lieutenant à la 21e compagnie d'artillerie auxiliaire, nommé chevalier de la Légion d'honneur
le 7 février 1871, 25 octobre 1827.

Varlet, Charles-Joseph, chasseur aux francs-tireurs de Seine-
et-Marne, 6 octobre 1826.

La liste générale qui précède est dressée d'après les renseignements qui nous ont été fournis obligeamment ou que nous avons recueillis nous-mêmes ; pour être complète, elle devrait contenir les noms de tous ceux qui, étant nés à Saint-Omer, ont eu l'honneur de porter les armes dans Paris, pendant que les Allemands l'assiégeaient ; nous prions donc instamment les personnes qui pourraient donner de nouvelles indications, ou rectifier les erreurs que nous aurions commises, de vouloir bien nous écrire, et nous leur offrons d'avance nos remerciements.

NÉCROLOGE

Decupper, Julien-Eugène, né le 1er janvier 1849,
canonnier à la 6e batterie d'artillerie de la
garde nationale mobile du Pas-de-Calais,
blessé le 5 janvier 1871, au bastion 69, décoré
de la médaille militaire le 7 février 1871, mort
à l'ambulance des Jésuites, à Vaugirard, le 21
février 1871.

Demey, Berlin-Adolphe, né le 11 mars 1850,
soldat au 109e régiment d'infanterie, mort de
la variole, à l'hospice de Bicêtre, le 17 décembre 1870.

Dupont, Donat-Henri, né le 6 décembre 1835,
sergent au 19e régiment de Paris (compagnies
de guerre du 140e bataillon de la garde nationale), blessé à Buzenval, le 19 janvier 1871,
décoré de la médaille militaire le 31 janvier
1871, mort à l'hospice des Incurables, à Ivry,
le 27 février 1871.

Ils ont fini leurs jours mortels en leurs de-
voirs et dans l'obligation de leurs serments.
Cette sorte de fin est excellente et il ne faut pas
douter que Dieu ne la leur ait rendue heureuse.

(Saint-François de Sales)

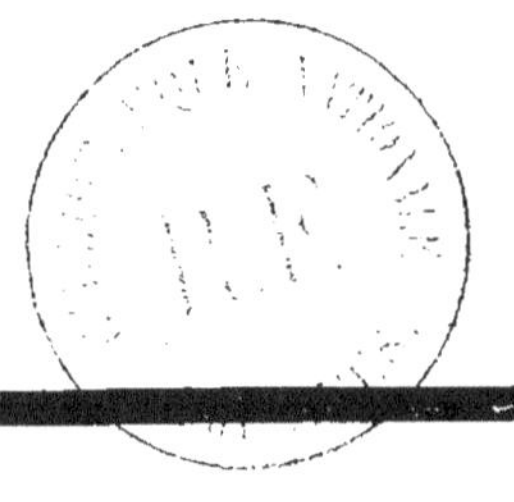

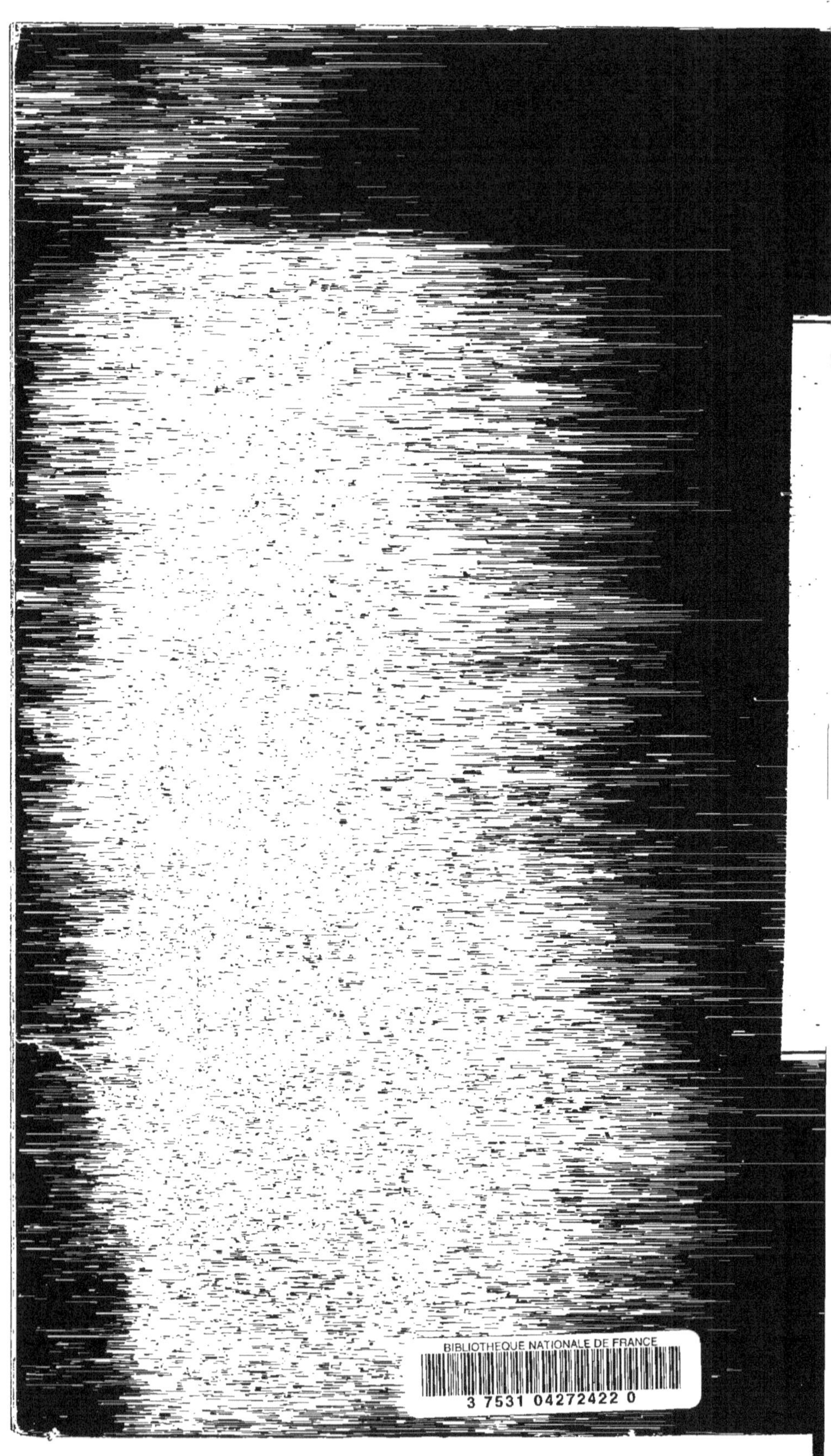
BIBLIOTHEQUE NATIONALE DE FRANCE
3 7531 04272422 0